DU
BIEN DE FAMILLE

INSAISISSABLE

ET DE

LA PETITE CULTURE

Par C. ALAPHILIPPE

Notaire à ILLIERS (Eure-&-Loir)

CHARTRES

IMPRIMERIE GASTON MARCHAND

17 ET 38, RUE SAINT-PIERRE

1912

DU

BIEN DE FAMILLE

INSAISISSABLE

ET DE

LA PETITE CULTURE

Par C. ALAPHILIPPE

Notaire à ILLIERS (Eure-&-Loir)

CHARTRES

IMPRIMERIE Gaston MARCHAND

17 ET 38, Rue Saint-Pierre

1912

AVANT-PROPOS

L'étude de la loi du 12 juillet 1909 sur le Bien de Famille et de la Petite Culture qui va suivre est sans aucune prétention juridique ; elle nous a été inspirée surtout dans le but de propager le retour à la terre qui sera toujours la mère nourricière.

Nous souhaitons donc que les quelques idées qui sont contenues dans ce petit opuscule soient comprises par ceux qui sont appelés à cultiver et à produire par leurs propres moyens.

Du Bien de Famille insaisissable

ET DE

LA PETITE CULTURE

———✳———

La loi du 12 Juillet 1909 est une mesure de sage prévoyance sociale qui semble bien destinée à arrêter l'exode
des campagnes et à faciliter le retour aux champs en
recréant le foyer familial.

Avant d'aborder le texte de cette loi, nous dirons un
mot sur les causes de l'abandon des campagnes.

Cette question n'est certes pas nouvelle ; depuis longtemps, des esprits clairvoyants ont jeté le cri d'alarme ;
mais on s'est demandé comment faire pour endiguer cette
exode des campagnes vers les villes ?

Autrefois nos ancêtres cultivaient leur petit bien ; ils ne
vivaient pas dans l'opulence, mais ils arrivaient à élever
honorablement leur famille et les enfants suivaient la tradition du père de famille.

Alors, où ce mouvement a-t-il pris naissance ? Dans les
départements pauvres comme la Lozère et l'Aveyron, où
le sol ingrat n'arrivait pas à nourrir son homme, on a
commencé à déserter les campagnes pour aller vers les
villes. Ce mouvement s'est étendu rapidement, au point
qu'il a gagné les pays les plus riches de la France.

Dans notre Beauce, ce mouvement a été peu sensible
pour ne pas dire nul ; toutefois, nous avons constaté plusieurs fois que, si un petit cultivateur dans l'aisance avait
un fils, son rêve était d'en faire un savant susceptible
d'embrasser une carrière libérale ou de devenir un fonctionnaire. Pourquoi pas un cultivateur ? Parce que, disait-

il, dans la culture on a trop de mal et il voulait que son fils ait moins de mal que lui. Cette réponse ne révèle-t-elle pas un état d'âme extraordinaire dans un milieu qui possède ?

La désertion des campagnes a aussi une autre cause ; lorsqu'un jeune rural qui travaille dans les fermes, va à un moment donné remplir son devoir envers la France, il prend rapidement goût aux plaisirs de la ville ; d'économe qu'il était il devient vite dépensier et quand il rentre à la maison paternelle, son temps achevé, il n'apprécie pas longtemps la vie calme et paisible des champs ; il est hynoptisé par le mirage des emplois des villes où il retrouvera les plaisirs et alors il abandonne sans regret sa charrue et ses chevaux pour prendre un métier qu'il n'aura jamais appris et où il ne trouvera que des déboires. — Par contre, le service militaire est une chose indispensable, c'est une excellente école pour nos jeunes gens qu'elle assouplit et rend débrouillards. — Ce n'est donc pas une critique que nous élevons, mais une simple constatation que nous faisons.

Le gouvernement de la République a fait des efforts considérables pour arriver à vaincre l'ignorance des campagnes, l'instruction a été répandue à profusion, mais si, d'une part, cette instruction a été un bienfait, il apparaît que pour qu'elle soit profitable, il est nécessaire qu'elle soit adaptée au milieu dans lequel doivent évoluer ceux qui la reçoivent.

En somme que faut-il au cultivateur ?

Qu'il sache lire afin de comprendre les ouvrages qui traitent de l'agriculture.

Qu'il sache écrire afin de pouvoir relater ses impressions et écrire ses lettres.

Qu'il sache compter afin de pouvoir tenir une petite comptabilité de ses opérations.

Enfin qu'il ait quelques notions d'histoire et géographie, sciences physiques et de morale sociale, afin qu'il connaisse son pays, qu'il comprenne les phénomènes qui l'entourent et ses droits et obligations envers la société.

Vous aurez ainsi un cultivateur muni d'un bagage très suffisant.

La culture est aujourd'hui une belle situation, car le cultivateur est indépendant; il vend tous ses produits très chers et ses opérations se font toujours au comptant; en outre, le gouvernement a créé des caisses agricoles afin que les travailleurs puissent mettre à profit leurs capacités et faire fructifier leur travail; les besoins vont chaque jour croissant; les peuples consomment sans cesse davantage alors que l'étendue des terres cultivables demeure la même; force est donc de produire davantage, ce qui doit encourager nos jeunes gens à revenir à la terre.

Reconnaissons cependant que la culture comporte un gros aléa avec les intempéries (gelée, inondation, sécheresse, grêle et perte de bestiaux), mais avec les assurances mutuelles, le cultivateur arrive à se mettre à l'abri de toutes ces calamités.

En somme, c'est aujourd'hui une des seules professions où on puisse ramasser une belle aisance.

Il faut donc faire aimer à nos jeunes gens de la campagne la vie agricole, simple, frugale et saine et les mettre en garde contre le besoin de luxe et de dépense qui sont une autre cause qui contribue à dépeupler nos villages.

Lorsque nos jeunes ruraux auront compris cette idée, nous verrons vite notre agriculture reprendre son ère de prospérité et son aisance d'autrefois.

Nous n'entreprendrons pas ici de faire une critique juridique de la loi sur le bien de famille du 12 juillet 1909, mais simplement de la commenter dans ses grandes lignes.

*
* *

L'ARTICLE PREMIER de cette loi est ainsi conçu :

Il peut-être constitué, au profit de toute famille, un bien insaisissable qui portera le nom de bien de famille.

Les étrangers ne pourront jouir des prérogatives de la présente loi qu'après avoir été autorisés, conformément à l'article 13 du Code Civil, à établir leur domicile en France.

Le régime du bien de famille a pour caractéristiques essentielles :

L'insaisissabilité.

L'interdiction de l'hypothèque.

L'aliénation rendue difficile.

L'indivision maintenue après le décès du chef de famille.

ARTICLE 2. — *Le bien de famille pourra comprendre soit une maison ou portion divise de maison, soit à la fois une maison et des terres attenantes ou voisines, occupées et exploitées par la famille. La valeur dudit bien y compris celle des cheptels et immeubles par destination, ne devra pas, lors de sa fondation, dépasser 8.000 francs.*

Par bien de famille, il faut entendre ce qui sert à l'habitation familiale, ce qui assure à la famille la vie en commun avec un jardin attenant où séparé de la maison afin qu'on puisse l'exploiter et profiter des fruits ; par suite, le bien de famille doit comprendre essentiellement : une partie principale qui est la maison et subsidiairement une ou plusieurs pièces de terre exploitées par la famille.

Le bien constitué en bien de famille doit appartenir en propre au fondateur, car s'il était grevé d'usufruit, il ne remplirait pas les conditions de la loi ; de même que le bien de famille doit être habité et exploité par la famille. Le simple fait de louer le bien de famille lui ferait perdre son affectation.

Aux termes de l'article 524 du Code civil, les animaux et objets placés par le propriétaire pour l'exploitation du fonds, étant réputés immeubles par destination, bénéficient du nouveau régime, mais il faut bien remarquer que leur valeur entre dans l'estimation du bien dont la valeur totale ne peut dépasser 8.000 francs.

Article 3. — *La constitution est faite par le mari sur ses biens personnels, sur ceux de la communauté ou, avec le consentement de la femme, sur les biens qui appartiennent à celle-ci et dont il a l'administration. — Par la femme, sans l'autorisation du mari ou de justice, sur les biens dont l'administration lui a été réservée ; — Par le survivant des époux ou l'époux divorcé, s'il existe des enfants mineurs, sur ses biens personnels. — Par l'aïeul ou l'aïeule, suivant les distinctions ci-dessus, qui recueille ses petits-enfants orphelins de père et de mère ou moralement abandonnés ; — Par le père ou la mère sans descendants légitimes, d'un enfant naturel reconnu ou d'un enfant adopté. — Toute personne capable de disposer pourra constituer un bien de famille au profit d'une autre personne réunissant elle-même les conditions exigées par la loi pour pouvoir le constituer.*

La constitution du bien de famille peut être un acte d'administration ou un acte de disposition ; par suite un prodigue ou un mineur émancipé peuvent appliquer la loi sans l'assistance, pour le premier de son conseil judiciaire et pour le second de son curateur.

Si la constitution résulte d'une donation ou d'un testament, le donateur ou le testateur devront être capables dans les termes de droit commun.

La constitution d'un bien de famille peut être faite par des personnes mariées même sans enfant.

Par le mari seul sans le concours de sa femme pour ses biens immeubles propres et ceux de la communauté.

En ce qui concerne les biens propres de la femme dont le mari a l'administration, ils peuvent être érigés en bien de famille, mais seulement avec le consentement de la femme.

Si la femme a l'administration de ses biens personnels, elle peut les soumettre au régime du bien de famille sans avoir besoin de l'autorisation de son mari.

Le survivant des époux ou l'époux divorcé, peut constituer un bien de famille à son profit à condition : que le constituant ait des enfants mineurs et que les biens en faisant l'objet lui appartiennent en propre.

La loi permet la constitution d'un bien de famille au père et à la mère, sans descendants légitimes, d'un enfant naturel reconnu ou d'un enfant adopté.

L'aïeul ou l'aïeule pourra constituer un bien de famille dans le cas où il a recueilli ses petits-enfants orphelins de père et de mère ou moralement abandonnés.

La constitution sera faite par l'aïeul seul en ce qui concerne ses immeubles propres ou ceux communs ; par l'aïeul avec le consentement de l'aïeule, relativement aux propres de celle-ci, soumis à l'administration du mari et par l'aïeule seule sans aucune autorisation à l'égard des immeubles dont elle aura conservé l'administration.

Un parent, même un étranger, pourra créer un foyer au profit d'un ménage, sous la condition que la donation ou le legs soient libres de toute charge usufructuaire.

La libéralité sera toutefois soumise aux éventualités de révocation, de rapport et de réduction dont sont affectés selon les cas, les donations.

ARTICLE 4. — *Le bien de famille ne peut être établi que sur un immeuble non indivis. Il ne peut en être constitué plus d'un par famille. Toutefois, lorsque le bien est d'une valeur inférieure à 8.000 francs, il peut être porté à cette valeur au moyen d'acquisitions qui sont soumises aux mêmes conditions et formalités que la fondation. — Le bénéfice de la constitution du bien de famille reste acquis alors même que, par le seul fait de la plus-value postérieure à la constitution, le chiffre de 8.000 francs se trouverait dépassé.*

La constitution d'un bien de famille ne peut porter que sur un immeuble divis, c'est-à-dire appartenant en toute propriété au constituant.

Une même famille résidant sous le même toit, ne peut posséder qu'un seul bien soumis au régime de la loi du 12 juillet 1909.

Le bien de famille peut être constitué en une ou plusieurs fois, mais la première constitution devra nécessairement comprendre une maison ou portion divise de maison, et les constitutions successives ne pourront dépasser la valeur maximum de 8.000 francs.

Une fois constitué dans cette limite, le bien de famille conservera son caractère insaisissable, malgré les augmentations de valeur qu'il pourra acquérir soit naturellement, soit fortuitement.

ARTICLE 5. — *La constitution du bien ne peut porter sur un immeuble grevé d'un privilège ou d'une hypothèque, soit conventionnelle, soit judiciaire, lorsque les créanciers ont pris inscription antérieurement à l'acte constitutif ou, au plus tard, dans le délai fixé à l'article 6 ci-après. Les hypothèques légales, même inscrites avant l'expiration de ce délai, ne font pas obstacle à la constitution et conservent leur effet. — Celles qui prendraient naissance postérieurement pourront être valablement inscrites, mais l'exercice du droit de poursuite qu'elles confèrent sera suspendu jusqu'à la désaffectation du bien.*

La constitution ne pourra porter que sur un bien qui sera libre de toute inscription de privilège ou hypothèque conventionnelle ou judiciaire et pour cette inscription, les créanciers jouissent du délai prévu par l'article 7.

L'existence des hypothèques légales ne fait pas obstacle à la constitution, ces hypothèques ne prenant naissance que postérieurement à la constitution, ne l'empêchent pas de produire tous ses effets. Ces hypothèques conservent leur valeur et leur inscription vaut comme mesure conservatoire mais le droit de poursuite qu'elles confèrent est suspendu jusqu'à la désaffectation du bien.

Pour les créanciers chirographaires la loi leur a accordé le droit de faire opposition à la constitution dans un délai prescrit par l'article 7.

Article 6. — *La constitution du bien de famille résulte d'une déclaration reçue par un notaire, d'un testament ou d'une donation. Cet acte contient la description détaillée de l'immeuble avec l'estimation de sa valeur, ainsi que les nom, prénoms, profession et domicile du constituant et, s'il y a lieu, du bénéficiaire de la constitution. Il reste affiché pendant deux mois par extrait sommaire et au moyen de placards manuscrits apposés sans procès-verbal d'huissier à la justice de paix et à la mairie de la commune où les biens sont situés. Un avis est en outre inséré par deux fois, à quinze jours d'intervalle, dans un journal du département recevant les annonces légales.*

La constitution du bien de famille aura lieu sous forme de simple déclaration par le propriétaire lui-même à son profit. Cette déclaration sera reçue par un notaire dans la forme des actes notariés.

Elle pourra encore résulter aussi d'une libéralité entrevifs ou testamentaire ; quand il s'agira d'une libéralité entrevifs, la forme des donations sera nécessairement employée.

L'article 6 exige que l'acte de constitution contienne les nom, prénoms, profession et domicile du constituant, ceux, s'il y a lieu, du bénéficiaire de la constitution (quand elle est faite par un tiers à titre gratuit) ; la description détaillée de l'immeuble avec l'estimation de sa valeur. Il y a lieu d'y ajouter les énonciations de nature à éclairer le juge de paix appelé à homologuer l'acte de constitution, c'est-à-dire : déclaration que le bien est habité et exploité par le propriétaire constituant ou le sera par le bénéficiaire de la constitution ; qu'il était libre de privilège et d'hypothèque, que les bâtiments sont assurés contre les risques de l'incendie ; qu'il n'a encore été constitué aucun autre bien de famille et que l'immeuble proposé réunit les conditions voulues pour être érigé en bien de famille.

La publication de la constitution consiste dans l'affichage pendant deux mois à la justice de paix et à la mairie de la commune où les biens sont situés, sans procès-verbal d'huissier, de placards manuscrits contenant un extrait sommaire de l'acte de constitution et dans l'insertion d'un avis par deux fois, à quinze jours d'intervalle, dans un journal du département recevant les annonces légales.

ARTICLE 7. — *Jusqu'à l'expiration de ce délai de deux mois, pourront être inscrits tous privilèges et hypothèques garantissant des créances antérieures à la constitution du bien. Pendant ce même délai, les créanciers chirographaires seront admis à former en l'étude du notaire rédacteur de l'acte, opposition à la constitution.*

La loi accorde un délai de deux mois aux créanciers privilégiés et hypothécaires pour inscrire leurs privilèges ou hypothèques et aux créanciers chirographaires pour former opposition à la constitution du bien de famille.

Ce délai commence à courir du jour où les placards ont été affichés à la justice de paix et à la mairie.

L'opposition formée par les créanciers chirographaires doit être faite en l'étude du notaire rédacteur de l'acte de constitution.

Les privilèges et hypothèques inscrits et les oppositions formées pendant ce délai forment un obstacle absolu à la constitution, à moins qu'il ne soit justifié de leur mainlevée au juge de paix saisi de la demande en homologation.

Le droit conféré par l'article 7 n'appartient qu'aux créanciers dont les créances sont antérieures à la constitution ; par suite les inscriptions d'hypothèques, nées postérieurement à la constitution, bien qu'inscrites dans le délai de l'article 7, sont inopérantes et ne peuvent faire obstacle à la constitution et le constituant pourra en demander la radiation judiciairemement ; il pourra de même demander la mainlevée des oppositions pratiquées à raison de dettes créées par lui depuis la constitution.

ARTICLE 8. — *A l'expiration du délai de deux mois, l'acte est soumis, avec toutes les pièces justificatives, à l'homologation du juge de paix. — Celui-ci ne donnera son homologation qu'après s'être assuré :*

1º Par les pièces produites et, s'il les juge insuffisantes, par un rapport d'expert commis d'office, de la valeur des immeubles constituant le bien de famille.

2º Qu'il n'existe ni privilège ni hypothèque autres que ceux visés à l'article 5.

3º Que mainlevée a été donnée de toutes oppositions.

4º Que les bâtiments sont assurés contre les risques de l'incendie.

La constitution du bien de famille doit être homologuée par le juge de paix du lieu de la situation du bien et cette homologation ne pourra être donnée qu'après avoir justifié que l'immeuble proposé n'excède pas la valeur maxima de la loi ; que les bâtiments sont assurés contre les risques de l'incendie et qu'il n'existe aucune inscription ni opposition faisant obstacle à la constitution.

A l'expiration du délai de publication, il y aura lieu de transmettre au juge de paix avec requête en homologation :

1º Expédition de l'acte de constitution.

2º Si la constitution émane d'une femme mariée sur le bien dont elle a l'administration, expédition de son contrat de mariage ou du jugement de séparation d'où résulte ce droit d'administration.

3º Acte de notoriété établissant que le survivant des époux, l'époux divorcé, l'aïeul ou l'aïeule, le père ou la mère, sans descendants légitimes, d'un enfant naturel ou d'un enfant adopté se trouvent dans les conditions exigées par l'article 3 pour constituer un bien de famille.

4° Acte de notoriété établissant le cas échéant que le bénéficiaire de la constitution réunit lui-même les conditions exigées par la loi pour pouvoir constituer en bien de famille le bien à lui donné ou légué.

5° Police d'assurance contre l'incendie des bâtiments compris dans le bien proposé.

6° Titres de propriété.

7° Certificat constatant l'apposition, pendant le délai voulu à la justice de paix et à la mairie, des placards prescrits par l'article 6.

8° Exemplaire de chacun des numéros du journal contenant l'insertion de l'avis prescrit par ce même article.

9° Certificat délivré par le conservateur des hypothèques au bureau de la situation des biens postérieurement à l'expiration du délai de publication, constatant que l'immeuble proposé est libre de tout privilège ou hypothèque et si l'état a revélé des inscriptions radiées depuis, certificats de radiation de ces inscriptions.

10° Certificat délivré par le notaire rédacteur de l'acte de constitution postérieurement à l'expiration du même délai, constatant qu'aucune opposition n'a été formée à la constitution et s'il a été formé des oppositions, que le certificat énoncera et dont mainlevées auront été données depuis; originaux dûment certifiés et légalisés ou expédition des actes contenant la mainlevée de ces oppositions.

Si ces pièces sont estimées régulières, le juge accorde son homologation ; si, au contraire, elles lui paraissent incomplètes, il pourra surseoir jusqu'à ce qu'elles soient régularisées ; d'autre part, si les pièces lui paraissent insuffisantes pour lui permettre d'apprécier la valeur de l'immeuble proposé, il commettra un expert et ne prononcera son homologation qu'au vu du rapport de cet expert.

L'homologation étant un acte de juridiction gracieuse n'est susceptible d'aucune voie de recours.

ARTICLE 9. — *Dans le mois qui suivra son homologation, l'acte de constitution du bien sera transcrit à peine de nullité.*

La transcription de la constitution constitue la terminaison des formalités requises par la loi. Sous peine de nullité, cette transcription doit être effectuée dans le mois de l'homologation.

La constitution qui résulte d'une libéralité testamentaire doit être transcrite au même titre que celle qui émane de la déclaration ou qui résulte d'une donation entrevifs.

La constitution homologuée et transcrite rétroagit, quant à ses effets, au jour de l'acte qui en contient la déclaration par le propriétaire ; au jour de la donation, quand elle résulte d'une libéralité entrevifs ; au jour du décès du testateur, lorsqu'elle est contenue dans un testament.

ARTICLE 10. — *A partir de la transcription, le bien de famille ainsi que ses fruits sont insaisissables, même en cas de faillite ou de liquidation judiciaire ; il n'est fait exception qu'en faveur des créanciers antérieurs qui se sont conformés aux dispositions qui précèdent, pour conserver l'exercice de leurs droits. — Il ne peut être ni hypothéqué ni vendu à réméré. Néanmoins les fruits pourront être saisis pour le paiement :*

1° Des dettes résultant de condamnations en matière criminelle, correctionnelle ou de simple police.

2° Des impôts afférents au bien et des primes d'assurances contre l'incendie.

3° Des dettes alimentaires.

Le propriétaire ne peut renoncer à l'insaisissabilité du bien de famille.

Au moyen de la transcription, le bien de famille acquiert le caractère d'insaisissabilité attribué par la loi du 12 juillet 1909.

Le bien de famille ainsi que ses fruits sont insaisissables même en cas de faillite ou de liquidation judiciaire. Cette insaisissabilité étant d'ordre public le propriétaire ne peut y renoncer.

Le bien de famille ne peut être vendu ni hypothéqué.

Toutefois, les fruits du bien de famille peuvent être saisis pour le paiement :

De dettes résultant de condamnation en matière criminelle, correctionnelle ou de simple police.

Des impôts afférents à ce bien et des primes d'assurances contre l'incendie des bâtiments.

Des dettes alimentaires.

Cette énumération de la loi est rigoureusement limitative.

ARTICLE 11. — *Le propriétaire peut aliéner tout ou partie du bien de famille ou renoncer à la constitution. Mais s'il est marié ou s'il a des enfants mineurs l'aliénation ou la renonciation sera subordonnée, dans le premier cas, au consentement de la femme, donné devant le juge de paix et, dans le second cas, à l'autorisation du conseil de famille qui ne l'accordera que s'il estime l'opération avantageuse aux mineurs. Sa décision sera sans appel.*

L'aliénation du bien de famille peut devenir nécessaire ; la loi n'a pas voulu entraver cette aliénation, mais elle impose le consentement de la femme. La loi nouvelle en imposant le consentement de la femme pour l'aliénation lui a rendu momentanément l'exercice de sa capacité ; les deux époux sont sur un pied d'égalité absolue, par suite, en cas de désaccord le maintien du *statu quo* s'impose.

Si le propriétaire a des enfants mineurs l'aliénation du

bien de famille sera subordonnée à l'autorisation du conseil de famille.

ARTICLE 12. — *En cas d'expropriation, pour cause d'utilité publique, si l'un des époux est prédécédé et s'il existe des enfants mineurs, le juge de paix ordonnera les mesures de conservation et de remploi qu'il estimera nécessaires.*

L'expropriation pour cause d'utilité publique, étant une mesure d'autorité nécessaire, le bien de famille ne pouvait être soustrait, mais l'indemnité d'expropriation ne devait pas échapper au régime dont jouissait le bien de famille. Elle reste insaisissable pendant un an ; elle pourra être employée à la reconstitution du bien de famille. La loi donne au juge de paix la compétence pour prescrire les mesures de conservation et d'emploi qui lui paraissent nécessaires.

ARTICLE 13. — *Dans le cas de substitution volontaire d'un bien de famille à un autre, la constitution du premier bien est maintenue jusqu'à ce que la constitution du second soit définitive.*

La loi a permis de substituer un bien de famille à un autre ; cette opération peut en effet se justifier pour des raisons imprévues. Le consentement de la femme ou du conseil de famille selon le cas devra être obtenu ; il y aura lieu d'observer toutes les conditions et formalités imposées à la fondation originaire pour placer le nouveau bien sous le régime de la loi du 12 juillet 1909.

ARTICLE 14. — *En cas de destruction partielle ou totale du bien, l'indemnité d'assurance est versée à la caisse des dépôts et consignations pour demeurer affectée à la reconstitution de ce bien, et, pendant un an à dater du paiement de l'indemnité, elle ne peut être l'objet d'aucune saisie, sans préjudice pourtant des dispositions de l'article 10 ci-dessus.*

— Les compagnies d'assurances ne sont, en aucun cas, garantes du défaut de remploi.

La loi permet la reconstitution du bien de famille au moyen des indemnités d'assurances. A cet effet, l'indemnité est déposée par la compagnie à la caisse des dépôts et consignations et demeure affectée à la réparation et à la reconstitution du bien. Pendant un an, du jour du versement, l'indemnité est insaisissable. Les compagnies ne peuvent donc se libérer directement entre les mains du propriétaire et doivent opérer leur versement à la caisse des dépôts et consignations, mais elles ne sont pas garantes du remploi de l'indemnité et n'ont pas à le suivre.

ARTICLE 15. — *Il en sera de même pour l'indemnité allouée à la suite d'une expropriation pour cause d'utilité publique. La femme pourra exiger l'emploi des indemnités d'assurances ou d'expropriation soit en immeubles, soit en rentes sur l'Etat français, à concurrence d'un maximum de 8.000 francs.*

La loi accorde à la femme le droit d'exiger l'emploi des indemnités d'assurance ou d'expropriation, soit en immeubles, soit en rentes sur l'Etat français à concurrence d'un capital de 8.000 fr.

ARTICLE 16. — *Le tribunal civil statue ; la femme et en cas de prédécès de l'un des époux, le représentant légal des mineurs appelés, sur toutes les demandes relatives à la validité de la constitution, de la renonciation à la constitution, de l'aliénation totale ou partielle du bien de famille. — L'affaire est jugée comme en matière sommaire. — La femme n'a besoin d'aucune autorisation pour poursuivre en justice l'exercice des droits que lui confère la présente loi.*

Cet article n'appelle aucune explication particulière.

ARTICLE 17. — *L'insaisissabilité subsiste même après la dissolution du mariage sans enfants au profit du survivant des époux s'il est propriétaire du bien.*

Cet article indique que le bien de famille peut être maintenu dans l'indivision s'il existe des enfants mineurs, ainsi qu'on va le voir plus loin, mais il conserve encore son caractère entre les mains du survivant des époux, même sans enfant, s'il est propriétaire du bien et s'il l'habite au moment du décès de son conjoint.

ARTICLE 18. — *Elle peut également se prolonger par l'effet du maintien de l'indivision prononcée dans les conditions et pour la durée ci-après déterminées. — S'il existe des mineurs au moment du décès de l'époux, de tout ou partie des biens, le juge de paix peut, soit à la requête du conjoint survivant, du tuteur ou d'un enfant majeur, soit à la demande du conseil de famille, ordonner la prolongation de l'indivision jusqu'à la majorité du plus jeune et allouer, s'il y a lieu, une indemnité pour ajournement du partage, aux héritiers qui sont ou deviennent majeurs et ne profitent pas de l'habitation.*

Lors du décès du constituant, le bien de famille est exposé à une demande en partage par l'un des héritiers. — Pour le garantir de ce risque, la loi du 12 Juillet 1909 a suspendu l'exercice du droit de partage ; elle dispose que l'indivision pourra être maintenue jusqu'à la majorité du plus jeune des co-héritiers et pour atténuer le préjudice que cause l'ajournement du partage, la loi autorise le juge de paix à allouer une indemnité aux héritiers majeurs qui ne profitent pas de l'habitation.

A défaut de descendants mineurs et en présence soit de descendants majeurs, d'ascendants ou collatéraux, que se passerait-il ? La loi sur les habitations à bon marché reconnaît au conjoint survivant le droit d'imposer à ses co-héritiers pendant cinq ans le maintien de l'indivision. La loi du 12 juillet 1909 ne reproduit ni l'une ni l'autre de ces dérogations au droit commun.

ARTICLE 19. — *Le survivant des époux, s'il est propriétaire du bien et s'il habite la maison, a la faculté de récla-*

mer, à l'exclusion des héritiers, l'attribution intégrale du bien sur estimation. Ce droit s'ouvre à son profit soit au décès de son conjoint si tous les descendants sont majeurs ou, même lorsqu'il y a des mineurs, si la demande en maintien d'indivision a été rejetée, soit à la majorité des enfants, lorsque l'indivision a été maintenue.

Chaque héritier peut en principe demander sa part en nature de meubles et immeubles de la succession (article 826 du code civil); dans l'article 832 les législateurs ont prescrit de faire entrer dans chaque lot, si possible, la même quantité de meubles, d'immeubles et de créances. Cette deuxième partie de l'article 832 s'accorde peu avec la règle posée dans la première, d'autant que, dans la formation et composition des lots, on doit éviter autant que possible de morceler les héritages et de diviser les exploitations. La loi du 12 juillet 1909 devrait donc apporter une dérogation au droit civil en matière d'indivision et de partage.

Pour réclamer l'attribution intégrale du bien de famille, le survivant doit être copropriétaire du bien et habiter la maison.

Ce droit s'ouvre à son profit.

Soit au décès de son conjoint, si tous les descendants sont majeurs ou si, lorsqu'il y a des mineurs, la demande en maintien d'indivision est rejetée.

Ou à la majorité du plus jeune des enfants lorsque l'indivision a été maintenue.

L'attribution lui en est faite à l'exclusion des héritiers et, malgré leur opposition, d'après estimation faite d'accord ou au moyen d'une expertise conformément au droit commun.

Article 20. — *Il est constitué auprès du ministre de l'agriculture un conseil supérieur de la petite propriété rurale auquel doivent être soumis tous les règlements à faire en vertu de la présente loi et, d'une façon générale,*

toutes les dispositions intéressant la petite propriété rurale.
— L'organisation et le fonctionnement de ce conseil seront
fixés par le règlement d'administration publique prévu à
l'article 21.

ARTICLE 21. — *Un règlement d'administration publi-*
que déterminera les mesures d'application de la présente loi.

* * *

Nous venons d'examiner dans ses grandes lignes la loi
du 12 Juillet 1909 ; comme corollaire nous avons cru qu'il
était utile d'y annexer une étude sur la petite culture et
les moyens de tirer de ce genre d'exploitation tous les
profits possibles.

D'abord, il faut considérer qu'une grande et une petite
culture sont deux choses très différentes.

Une grande culture nécessite des connaissances agrono-
miques étendues, une certaine expérience, des machines
coûteuses et une mise de fonds élevée.

Une petite culture au contraire ne peut vivre que par
des produits accessoires. C'est le cas de notre bien de
famille dont l'importance ne dépassera pas 3 à 4 hectares.
Si donc le fondateur d'un bien de famille s'avisait de ne
cultiver que des céréales, il n'arriverait certainement pas
à équilibrer les dépenses qui seraient occasionnées, parce
qu'il serait obligé de faire faire ses travaux par un laboureur et des ouvriers dont les salaires sont élevés.

Il faut donc laisser l'agriculteur à sa grosse ferme et
revenir à notre petite culture.

Dans l'exploitation d'une petite culture ou d'un bien de
famille, un ménage avec des enfants doit pouvoir exécuter
tous les travaux. Si ce ménage n'a pas d'enfant, il pourra
y suppléer en prenant un petit domestique de 12 à 15 ans
qui dépensera peu tant en nourriture qu'en gages.

DES BATIMENTS D'HABITATION
& D'EXPLOITATION

Ils doivent comprendre :

Une vaste pièce à feu, dite maison, servant de cuisine et salle à manger et dans laquelle est presque toujours placé le lit du maître et de la maîtresse de maison ; à côté une chambre froide propre contenant le mobilier personnel, table ronde, armoire, commode, vaisselle et verrerie des grands jours.

Grenier au-dessus qu'on pourra carreler.

En appentis et au nord une petite laiterie et un cidrier.

A la suite : grange aussi grande que possible pour recevoir les fourrages et pailles destinés à l'alimentation des animaux, et une écurie bien éclairée et bien aérée pour loger un petit cheval et une petite vache. En retour, un petit atelier où le cultivateur pourra déposer ses outils et faire les réparations urgentes, et un toit à porcs.

En retour une forme à fumier, un poulailler, un clapier.

Cour assez vaste au milieu de ces bâtiments.

Puits avec pompe dans cette cour.

Jardin potager derrière avec petite mare.

Le tout d'après le croquis ci-après :

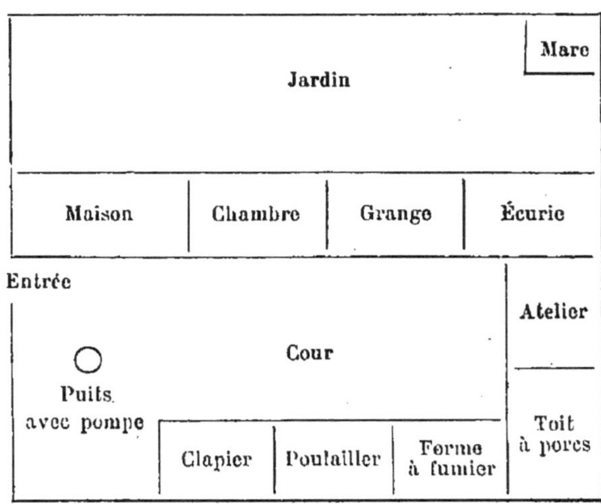

DU FUMIER

Le fumier à provenir des animaux est presque toujours placé au milieu de la cour. C'est là un tort considérable. D'abord c'est anti-hygiénique à cause des miasmes et gaz qu'il dégage et aussi à cause des mouches auxquelles il donne naissance. D'autre part, sous l'action du soleil et du vent, le fumier se dessèche de sorte que lorsqu'on veut l'employer on ne trouve plus que de la paille pourrie. Si on considère que le fumier est l'élément indispensable à la culture, pour le conserver en bon état on devra le placer dans une fosse étanche recouverte d'un plancher où le purin conservera tous ses principes fertilisants.

DU JARDIN

Derrière la maison on établira un jardin potager de 4 à 5 ares (8 à 10 perches), pour y faire les légumes nécessaires au ménage. — Afin d'éviter les frais onéreux nécessités par l'établissement de murs, on se contentera d'un grillage en fer galvanisé, afin que les volailles ne puissent venir y faire des dégâts.

Une mare creusée dans ce jardin donnera l'eau nécessaire à l'arrosage des légumes.

DU POULAILLER

Le poulailler devra être assez grand pour loger au moins 200 poules. — Il devra être clos de façon à empêcher les volailles de voler par dessus et à les protéger contre les voleurs à 2 ou 4 pattes.

DU CLAPIER

Le clapier sera composé d'un rez-de-chaussée et d'un premier étage pour y abriter une douzaine de femelles avec un mâle; il devra être clair et bien aéré et fréquemment nettoyé.

DU TOIT A PORCS

Le toit à porcs devra être assez grand pour loger un porc ou deux ; il devra être bien aéré ; il nous paraît indispensable qu'il soit aussi carrelé afin de pouvoir y faire des lavages fréquents ; on devra aussi y placer une litière abondante.

DE LA BASSE-COUR

Dans une petite culture, la basse-cour joue un rôle capital puisque c'est elle qui doit nous donner le plus clair des bénéfices, voyons donc comment nous allons la peupler.

DU CHOIX DE LA POULE

La poule de Houdan est très bonne pondeuse ; elle est rustique, mais elle couve difficilement ; dans notre contrée de Beauce, la Faverolle est fort bien acclimatée ; elle pond bien et s'engraisse facilement. Les sujets atteignent un très beau développement. On prendra donc 100 poules environ avec 10 coqs, pour monter notre basse-cour.

LA VACHE

La vache va nous donner un produit appréciable puisqu'elle nous fournira le laitage et les fromages, mais comme elle consomme une grande quantité de nourriture, ce qui est un très gros inconvénient dans une petite culture, il faudra s'en tenir à la vache bretonne qui est une très bonne laitière et se contente de moins de nourriture.

DU CHEVAL

Si j'osais, je plaiderais la cause de l'âne qui est réellement une bonne bête. C'est un animal sobre, courageux et très résistant, mais il a un grave défaut : il est entêté. Le cheval coûtant plus cher il faudra s'en tenir à un petit cheval des Landes ou de la Corse. Il rendra les mêmes services qu'un gros et son entretien sera moins onéreux.

DU LAPIN

Le lapin commun par sa chair constitue un bon rendement ; sa peau est d'une valeur insignifiante, mais il est une espèce qu'il faut substituer au lapin commun, c'est le lapin argenté dont le prix de la peau atteint de 1 franc 25 à 1 franc 50. Le lapin russe à fourrure blanche est aussi intéressant, sa peau se vendant également 1 franc 25 à 1 franc 50.

La reproduction du lapin se fait assez rapidement ; à six mois la femelle peut commencer à reproduire, la mise bas des petits a lieu de 30 à 31 jours après la conception.

La portée peut-être de 2 à 10 individus.

Le lapin n'est pas engraissé avant l'age de six mois ; l'opération dure un mois à six semaines ; on le place à l'étroit dans une demi obscurité tandis qu'on lui sert à heure fixe une nourriture copieuse et variée.

DU PORC

Le porc est de tous les animaux domestiques un de ceux qui est le plus utile à l'homme. Pourtant on ne le croirait pas à le voir la plupart du temps enfermé dans un réduit étroit et mal éclairé et souvent maltraité ; il semblerait qu'il ne mérite aucun égard parce qu'il est sale et gourmand. Nous savons tous cependant que sa vente est toujours assurée et qu'il représente à peu près la seule viande paraissant sur la table des campagnards.

D'un élevage facile et rapide, il est omnivore ; les résidus de toutes sortes, eaux grasses, etc., peuvent servir à sa nourriture.

S'il est possible de le laisser en liberté, il trouve dans les champs ses aliments préférés, glands, châtaignes, faines, baies, etc.. A l'étable, il se nourrit de pommes de terre, épluchures et pâtées de maïs et de farine.

Le porc est sujet à deux maladies qui lui sont propres, la ladrerie et la saie ou sayon ; il est fréquemment attaqué par la trichinose, par l'angine ou le charbon. — De toutes les affections, la ladrerie est la plus dangereuse, en ce sens qu'elle peut se communiquer à l'homme.

Les meilleures races françaises sont les races Craonnaise et Angeronne ; les races anglaises sont précoces et atteignent un poids considérable. Les porcs de la race Yorkshire atteignent facilement 300 kilos.

DU CANARD

Le canard est un produit également intéressant, mais n'ayant ni les mêmes mœurs ni les mêmes besoins que les poules, il faudra lui installer un abri à part.

Le canard est un grand mangeur, il faut autant que possible lui fournir une mare ou un fossé rempli d'eau ; c'est là qu'il trouve dans les herbes et dans la vase des petits vers qui font son régal.

J'ai ouï dire que le canard Mulard, métis du canard de Barbarie et de la cane de Rouen, était le plus rénumérateur.

Le canard est sujet à des maladies diverses presque toujours causées par la malpropreté du lieu où on l'élève ; nous citerons l'apoplexie, l'empoisonnement, la maladie du croupion. La mue est toujours critique pour le canard.

*
* *

Enfin pour surveiller notre basse-cour ainsi constituée et la mettre à l'abri des voleurs nous placerons un chien de berger qui saura faire bonne garde la nuit.

Quant au chat, il faut le proscrire car, s'il tue quelques souris, il commet beaucoup d'autres méfaits en dénichant les nids d'oiseaux, perdreaux, levrauts et en détruisant les poussins et canetons.

Il est préférable de laisser vivre en paix les chouettes, hiboux et effraies qui détruisent une grande quantité de souris, mulots, rats et les crapauds qui nous débarrassent de la vermine des jardins.

Dès le matin, avant le lever du soleil, il faut donner la

liberté aux volailles, car c'est dans les champs qu'elles trouvent leur nourriture; leur santé est aussi meilleure et leur ponte plus abondante.

DES CULTURES

Voyons maintenant comment nous allons répartir la culture de notre bien de famille avec une superficie de 4 hectares ou 8 arpents.

Sur ces 4 hectares, on devra en consacrer un (ou 2 arpents) au verger, asperges et gros légumes.

Le reste sera employé :

1 hectare (ou 2 arpents) en prairie artificielle, trèfle, luzerne et sainfoin.

1 hectare (ou 2 arpents) en blé, avoine, sarrazin.

50 ares (ou 1 arpent) en pommes de terre, carottes fourragères et betteraves.

Et 50 ares (ou 1 arpent) en topinambours.

Le verger ne devra comprendre que des pommiers et des poiriers dont les fruits sont de bonne conservation ; parmi les pommiers, il faut choisir les bonnes variétés telles que : reinette du Canada, reinette de Caux, la reinette dorée, la reinette du Mans ou pomme de Jaune, le calville blanc, le fenouillet ; quand les fruits sont beaux, ils peuvent atteindre un franc la pièce.

La belle pomme étant très recherchée, il faudra planter 70 °/₀ de pommiers et le surplus en poiriers (Louise-Bonne d'Avranches, Duchesse d'Angoulême, Beurré Giffard, Doyenné d'Alençon, Doyenné du Comice, Charles Ernest, Beurré Hardy).

Pour la plantation il faut adopter la plantation en quinconce à 5 mètres de distance ; les tiges étant bien prises, greffer les espèces ci-dessus indiquées. Ne jamais hésiter à planter les variétés locales qui ont fait leurs preuves.

Dans l'intervalle, entre chaque arbre, planter un pied d'asperges d'Argenteuil.

En attendant que nos arbres fruitiers rapportent, nous cultiverons des légumes de toutes sortes, mais à partir de la production des arbres, il faudra cesser la culture potagère et s'en tenir à la production fruitière et des asperges.

Notre verger ainsi planté de 300 arbres fruitiers et de 1.800 pieds d'asperges devra fournir au minimun 2.400 francs de revenus :

En fruits.	1.500
Asperges.	900
Total.	2.400

L'hectare en prairie artificielle nourrira le cheval et la vache.

La culture en blé, l'avoine et le sarrazin, assureront l'alimentation des volailles et le paillis nécessaire au fumier.

Les pommes de terre, les carottes et betteraves serviront pendant l'hiver aux lapins et aux porcs. Il faut se garder de donner trop de betteraves aux lapins, car ce régime les affaiblit et détermine une urine abondante qui salit leur logis ; la carotte est de beaucoup meilleure.

DU TOPINAMBOUR

Le topinambour est un tubercule appelé aussi artichaut du Canada. Originaire du Brésil ou du Chili, il a été introduit en Europe au XVIIe siècle ; c'est une plante rustique résistant parfaitement aux intempéries (sécheresse, gelée, insecte). Ses qualités rares sont encore trop méconnues.

Sa tige atteint jusqu'à 2 mètres de hauteur, sa fleur est jaune, ses racines produisent des tubercules jaunes ou rougeâtres dont la chair est d'un blanc nacré.

Sa culture est la même que celle de la pomme de terre, mais, par contre, le topinambour hors de la terre perd

rapidement de sa valeur nutritive, il ne faut donc l'arra-
cher qu'au fur et à mesure des besoins.

La production des tubercules est supérieure à celle de
la pomme de terre ; aussi le topinambour est-il recherché
pour la nourriture du bétail et des chevaux qui en sont
très friands. Les tubercules produisant beaucoup d'alcool,
il faut éviter de les donner entiers aux animaux ; on les
divise au coupe-racines et on les mélange à d'autres aliments.

Cette nourriture sera très appréciable pour nos vaches,
lapins, porcs et volailles.

DE L'ORTIE

L'ortie est une herbe annuelle et vivace à feuilles oppo-
sées qui dépasse un mètre de haut ; elle envahit les haies,
les buissons et les décombres. Ses feuilles sont couvertes
de poils unicellulaires dits urticants, dont la base renfer-
me un liquide irritant, appelé acide formique, et dont la
pointe, en se brisant au contact de la peau, y déverse le
liquide, d'où une douleur cuisante et la production d'am-
poules.

L'ortie est une plante méconnue dédaignée et regardée
comme une mauvaise herbe. C'est un tort considérable de
ne pas l'utiliser, car elle constitue un excellent fourrage ;
elle lève dès le printemps et ne craint ni les gelées ni les
chaleurs. C'est en somme un fourrage précoce puisqu'elle
précède d'un mois les luzernes les plus hâtives et qui
donne 3 à 4 coupes.

On peut la faire consommer en vert, mais alors, il est
nécessaire de l'exposer à l'air pendant au moins 12 heures
afin d'empêcher l'action des urticants sur le palais des
animaux.

Les vaches qui consomment une certaine quantité d'or-
ties fournissent un lait abondant et crémeux ; les bestiaux
qui se nourrissent de cette herbe engraissent facilement
et se portent très bien.

L'ortie convient aussi beaucoup aux porcs, volailles et canards, surtout hachée et mélangée à des pâtées.

Toutefois il convient de ne jamais donner seule de l'ortie verte ou sèche il faut l'associer pour un quart environ à la nourriture du bétail.

Notre bien de famille ainsi constitué, établi et peuplé il faut le faire produire.

Il est un proverbe d'un laboureur célèbre : « Tant vaut l'homme tant vaut la terre ».

Il est certain qu'une mauvaise culture n'est pas toujours imputable au sol, mais souvent à une défection du cultivateur qui n'aura pas toujours fait preuve d'initiative et de prévoyance.

Le travail de la terre est indispensable, mais cette dernière a besoin d'être traitée en toute connaissance de cause ; elle a besoin de soins rationnels ordonnés et intelligents.

Le but de chacun étant de faire les meilleures récoltes avec le minimum d'effort, il faut augmenter le rendement tout en diminuant le prix de revient.

Pour arriver à ce résultat, on est amené à fournir au sol les éléments qui lui manquent ou qu'il ne possède pas en quantité suffisante, c'est ce qui nous oblige à dire un mot des engrais chimiques.

Nous savons tous que les plantes exigent pour se nourrir, la présence dans la terre de 4 éléments principaux « l'azote, la potasse, l'acide phosphorique et la chaux ».

L'azote ne fait généralement pas défaut, le fumier en se décomposant donne naissance à cet élément et nous savons tous que le fumier constitue la base essentielle de la fumure. C'est l'azote qui donne la belle couleur verte à nos légumes.

La potasse manque assez rarement, les fumiers en apportent parfois des quantités suffisantes ; mais deux éléments importants font souvent défaut, ce sont : l'acide phosphorique et la **chaux**.

L'acide phosphorique exerce surtout son action sur le développement des graines lorsqu'il existe en proportion convenable, celles-ci sont plus grosses, plus nourries, les tiges deviennent plus rigides et les feuilles acquièrent plus de goût et plus de saveur.

Quant à la chaux, nous allons voir, qu'outre son rôle alimentaire, elle a une fonction de premier ordre à jouer dans la culture.

L'absence d'un seul entraîne de graves désordres dans la nutrition de la plante.

En employant le fumier en quantités énormes, nous donnons au sol ces différents principes actifs, mais on arrive finalement à créer un milieu tel, que cet engrais ne se décompose plus que très lentement ; on sait, en effet, que toutes les matières organiques sont transformées, brûlées progressivement dans le sol pour donner de l'azote par de petits microbes appelés « microbes nitrifiants ». Ceux-ci ne peuvent plus travailler quand le milieu est dit acide, ce qui se produit au bout de plusieurs années avec des fumures trop copieuses et trop répétées. Pour y remédier, il faut leur donner de la chaux sous une forme quelconque et les engrais calcaires sont très utiles pour activer ce phénomène ; car ils ont un double but, activer la transformation du fumier en azote assimilable et fournir l'aliment que constitue la chaux.

En employant les scories de déphosphoration nous donnerons encore un autre élément, l'acide phosphorique ; les scories contiennent une dose élevée de chaux vive ; en outre, elles renferment environ 15 % d'acide phosphorique, et dans les prix de commerce, 1 kilo d'acide phosphorique pris dans les scories coûte moins cher qu'un kilo pris dans les superphosphates.

Nous venons de voir que le fumier est une grande source d'azote, mais nous savons aussi que sa transformation peut être très lente ; dans bon nombre de cas, le nitrate de soude donne d'excellents résultats.

Le nitrate de soude est un azotate de soude très soluble dans l'eau et très hygroscropïque, utilisable par les plantes presque immédiatement, mais par contre capable d'être entrainé dans les eaux de drainage à la suite de pluies abondantes ; ce serait donc une faute grave de l'appliquer au moment du labour. On doit au contraire le semer en couverture lorsque la végétation commence.

En résumé, il faut faire appel pour une même culture à chacun de ces engrais et cela aux époques qui leur conviennent. Il faut choisir de préférence :

La fin de l'hiver pour les engrais phosphatés et potassiques.

Le printemps pour les engrais azotés.

L'engrais azoté de printemps par excellence est comme nous l'avons dit plus haut le nitrate de soude ; il s'emploie à volonté suivant le besoin des plantes ; il convient à tous sols et à toutes les cultures ; il répare le mauvais état des cultures, active leur végétation et fait arriver la maturité des récoltes dans les meilleures conditions.

Nous terminerons notre étude sur le bien de famille par un aperçu du rendement possible de sa culture.

Lorsque notre petite culture sera bien entrain et que nos arbres fruitiers et aspergerie commenceront à rentrer en plein rapport, soit au bout de quatre ans, on peut escompter les résultats suivants en prenant pour base, comme capital engagé 8.000 francs.

RECETTES

Le lait, beurre et fromage serviront à l'alimentation de la famille.   MÉMOIRE

2 porcs engraissés à 180 fr. l'un	360 fr. »»
100 poules donnant chacune 130 œufs à 90 fr. le mille	1.170 »»
100 jeunes poulets engraissés à 3 francs. .	300 »»
50 canetons vendus à 3 ou 4 mois à raison de 3 francs	150 »»
12 lapines donnant chacune 25 petits par an, soit 300 lapereaux, vendus à 6 mois à raison de 3 francs.	900 »»
Fruits du verger.	1.500 »»
600 bottes d'asperges à 1 fr. 50	900 »»
Total	5.280 fr. »»

DÉPENSES

Intérêt du capital engagé.	400 fr. »»
Impôts et assurance.	150 »»
Gages d'un petit domestique.	300 »»
Achat de graines.	100 »»
Achat en entretien d'outils et instruments.	200 »»
Dépenses diverses et d'entretien	1.000 »»
Total	2.150 fr. »»

BALANCE

Les recettes sont de	5.280 fr. »»
Les dépenses sont de	2.150 fr. »»
Excédent des recettes . . .	3.130 fr. »»

NOTA. — Il faut remarquer que nous avons réduit dans une large mesure le produit moyen du rendement de notre petite culture et que nous avons tenu compte des accidents, des mauvaises années, etc.

Comme on le voit, notre petite culture nous laisse un bénéfice net de 3.130 francs. C'est un résultat qui donnera l'aisance et quelquefois la fortune au cultivateur actif, intelligent et laborieux.

« O fortunatos nimium sua si bona norint ! »

Trop heureux, s'écrie Virgile, trop heureux l'habitant des campagnes, s'il savait apprécier son bonheur ! Loin des discordes, loin des combats, la terre lui prodigue une nourriture facile.